Blockhaus atlantique

DU MÊME AUTEUR

Nouvelles

L'Entreciel, L'Harmattan, 2010

RÉCIT

Le livre des jours, Books on Demand, 2012

Marie Gerlaud

Blockhaus atlantique
Poème drramatique

© Marie Gerlaud, 2013
marie.gerlaud@hotmail.fr

Édition : Books on Demand,
12/14 rond-point des Champs Elysées, 75008 Paris, France.

L'époque : Aujourd'hui, hélas demain encore.

Les personnages : Une très jeune femme. Un très jeune homme.
Ce sont encore des adolescents. Elle, Reinette (peut-être n'est-ce qu'un surnom), et lui, Jasper.

Le lieu : Où vous le voulez.

Elle et lui sont « dans leur monde » ; un monde clos sur lui-même, qu'ils n'ouvrent à personne ; eux-mêmes savent mal quel il est.

Remarque : Si vous avez le sentiment de ne pas comprendre ce qui se déroule et se dit sous vos yeux, ce sentiment n'est pas faux. Le drame qui est en train de se jouer fait partie de ceux dont on se dit après-coup :

« C'est incompréhensible ! Comment une telle chose peut-elle se produire ? Et sans que l'on ait rien vu venir ! Ces jeunes gens paraissaient si normaux... »

JASPER
 Est-ce que le monde entier
Le monde   entier
Entier   n'est pas dément ?

REINETTE
Il dérive vers

JASPER
Sur une rive :
La raison

REINETTE
Raison comme Horizon

JASPER
City Bordels Banqueroutes
Épines et couronnes
        L'Ordre des prêtres en noirs
        Tous horizons

REINETTE
Corps beaux,
Tristes deuils
Jeunes martyrs

JASPER
Sur l'autre rive :
Déraison !

REINETTE
Pas à chercher la raison
Vérité à la loupe : la mienne

JASPER
Je ne suis pas
     pas plus
         ouf…fffff…fou

REINETTE *(dans le même instant où Jasper prononce : fou)*
Feu !

JASPER *(dans un geste de violence)*
Le monde entier !

Moins dément   Je

Reinette
Aimant dément
          Désorienté
Des ordres en taies
          Hantise (immonde)
          Aveugle et mens
D'aimants songes

Jasper
Moindre aimé   Je

Reinette
Je ?

Jasper
Je
          Des manques et

Reinette
Ah, non, démon !
Ne démens pas !

Je ?

JASPER *(prenant la position d'un tireur, comme s'il la visait avec son fusil)*
Jeu !

REINETTE
Feu !

JASPER
Pan !

Reinette s'écroule au sol. Temps.

JASPER
Reinette ?

Jeu   un jeu   c'est ça ?
Je — Il   tue   Elle

REINETTE
Il l'a tue et
Le voyant, il Voit :

JASPER
Naissance de Jasper !
(Balayant la pièce comme s'il distribuait une rafale de mitraillette)
Tatatatata…tatatata….

REINETTE
Jeu sombre
Cesse là sur l'instant :
    Le Je d'Elle
Elle sombre
Ce jour
Une lame dans l'âme
Un râle sur les lèvres.
La voie sanguine :
    Passage de la parole
Passage que voilà déjà voilé
    Tôt désabusée :
    Elle gît

JASPER
 Une traîne à fleur d'écume
Dans son rêve d'ailes
    Mille encablures au large

Dans son temps futur
L'épouvanté de l'océan :
    Se livrer ? Se souiller ?
S'essayer !

Ah, Reinette !

Vent violent
Les mots moutonnent : bref éclair
Transe
dans les veines
Émoi ?

REINETTE
Mots perdus
    jamais prononcés
Tandis que d'infinitif,
Erre sur la voie indécise
Jasper se perd :

Qui : je ?
Qui ?

Je Je Je Je… prouououououou… !

JASPER
Ah ! Merde. Reinette, merde !
Merde, merde, merde !

REINETTE
Mère de…
      Elle — enfant
Merde
      Ma mère

Jeu de dire
      Vilain je…

Je veux dire…

JASPER
Et alors ?

REINETTE
Rien
Rien

JASPER
Voix lactée

Silence
        ceint d'étoiles.
Rebelle muette elle
Elle attend
Son heure :

      L'hile de la mère,
      Quelle dérive amère
      Vers des terres étrangères :

          Du port, native
            Arrachée forcée séparée
mutilée amputée

REINETTE
Bois flotté sans souvenirs.
S'en souvenir ! Non pas partir !

JASPER
Aujourd'hui la fille
Hier, le père
Car, oui, déjà le père…

REINETTE
Jas   /   per…
         Tiens, je n'avais jamais remarqué…

JASPER
Quoi ?

REINETTE
Rien.

JASPER
C'est moche !

REINETTE
Quoi ?

JASPER
Tout.
Tout est moche.

REINETTE
Oui.
Et moi, je n'en démordrai pas

JASPER
Hihihihi… Hihihihi… :
    Cheval au galop,

        À cœur s'en éclater

        Luisante sueur

REINETTE
Feu !

JASPER
Jeune poulain de blondeur salée
        Du blé

        J'ai doublé Dublin

REINETTE
Samuel B.

JASPER
Un mur pour séparer le Nord du Sud :
Ici c'est pas si loin. Pas si passé
Pâle estime qu'en tant que passé passa

Reinette
Passable

Jasper
Tellement de sable ! Tellement !
Ça crie sous les dents
Plus aucune dans ma bouche ;
Sur le sable : 32

Reinette
Pas encore 32 !
32 moins 4 !

Jasper
Demain.

Reinette
Si jamais vient demain

Jasper
Demain ? Demain ?

Non, viendra pas :
Y'a plus le temps, Reinette

Y'a plus le temps, tu comprends !

Ecume radioactive aux lèvres

Rêves ouverts aux vents
        Saignent

REINETTE
Auspices mauvais

JASPER
Je (Jasper) ris : viens de naître
Pris au piège de la marée

REINETTE
Feu !
Dans mon regard lassé
Déjà lassé

JASPER *(faisant le geste de lancer un lasso pour capturer un animal)*
Lasso
Schlak ! Tsliiiiiiiip ! Maman !

L'assaut obstétrical

Reinette
Feu ! Feu !

Jasper
Terreur

Reinette
Douleur

Jasper
Je sais Reinette

Reinette
J'aime les après-midis où nous traînons dans les blockhaus. C'est souvent long, mais ils passent quand même toujours trop vite. Combien de nuages ont traversé le ciel depuis que nous sommes arrivés ? Combien de fois avons-nous été dans l'ombre ? Tu ne les as pas comptées ? Ah ! Jasper, je suis découragée.

Tu te souviens de l'été où nous avons passé nos vacances à faire de petites figurines en terre que nous allions enfouir dans les dunes pour les archéologues du futur ? Tu les façonnais, je les peignais. Non ?! Et les étoiles de mer qu'on accrochait avec des fils nylon chacun au-dessus de nos lits parce qu'on rêvait d'aller dormir à la belle étoile au blockhaus, mais qu'il ne nous était pas permis de sortir la nuit ? Non, tu ne te souviens pas non plus des étoiles de mer ! Les choses passent, et toi, tu les oublies. C'est facile comme ça…

Je ne ferai pas d'études ! Jamais ! Jamais ! Jamais !

JASPER
C'est bon, Reinette, calme-toi. Et cesse de cogner dans tout ce qui te tombe sous les pieds ! Tu vas te faire mal.

Moi non plus.

REINETTE
Quoi ?

JASPER
Je ne ferai pas d'études

REINETTE
Merde merde merde

Silence

REINETTE
Douleur Folie Destruction : D.F.D.
D'enfer, Foutue Défonce !
Un sachet de poudre d'os

JASPER
Feu ! Feu !

Une raie nette laissée par envolée d'oiseaux
dans la brume brune

REINETTE
Industrielle brune brume

JASPER
Farine animale par matins pluvieux :
                Un snif !
On bossera tous là-bas, ou dans un truc du même genre
Si on bosse !

REINETTE
Feu ! Feu !

JASPER
Cervelet craché par le nez. Pauvre Reinette

Ici, maintenant, bruine somnolente
Échos d'armées dans le béton des blockhaus
C'est ce que nous allons apprendre :
                L'alphabet des grenades.

REINETTE
Jasper sniper

D'enfer,
Foutue défonce !

Ma poudre d'os, vite, vite, ou j'crève

JASPER
Feu ! Feu !

(De nouveau, Reinette s'écroule comme morte, Jasper tourne autour du corps étendu au sol)

Tu vois Reinette, je te l'avais bien dit
Mais tu n'as rien voulu entendre, toujours la même chose !
La maison est bien vide, inutile de repeindre la chambre, c'est plus temps : mon Temple de fureur. Tu peux rire, idiote ! Une vraie gosse : touché, coulé, t'es mort. Plouf ! Un "cormouran" ! Oh, il vient de plonger :
      disparu, sombré
           corps et âme

Un trou dans mon crâne
Néant d'oiseau maintenant

Temps

REINETTE
Jasper ?

JASPER
…hm…

REINETTE
Jasper ?
Tu te souviens de la promesse qu'on s'est faite au blockhaus en automne ?
Demain m'irait bien. Demain, tu sais…

JASPER
Attends

REINETTE
Ça t'embête de me tuer ?

JASPER
Pas spécialement.
Non, ça ne m'embête pas

REINETTE
Il me semble que si. Ça t'embête maintenant. Ça

t'embête de voir demain approcher. Tu sens que tu vas manquer de courage et…

Jasper
Puisque je te dis que non

Reinette
Tu vois, je crois que tu n'as plus envie

Jasper
Ça n'a jamais été une question d'envie !
Tu mélanges tout Reinette, une fois encore.

Reinette
Pas si sûr ! Mais tu as toujours peur d'appeler un chat un chat ! Moi, je dis : s'il n'y a pas d'envie, il n'y a pas de jeu ! Et s'il n'y a pas de jeu, alors on devient des adultes de merde ! Et c'est justement pour éviter ce désastre que l'on s'est fait cette promesse, toi et moi. Alors, soit tu as la mémoire courte ? Soit tu as déjà tellement vieilli depuis l'automne dernier que je me demande si tu seras encore capable de me

tuer ! Il se peut même qu'en cherchant bien, dans ta tignasse blonde se trouvent déjà un ou deux poils blancs, alors que tu n'es même pas encore un homme !

Temps

REINETTE
Tu vois que j'ai raison ! La preuve…

JASPER
C'est quoi la preuve pour toi ?

REINETTE
La preuve, c'est que tu fermes les yeux

JASPER
Bof…

REINETTE
Tu aurais dû t'appeler : Monsieur Bof…
Et donc, Monsieur Bof ferme les yeux quand au contraire il devrait regarder tout grand le ciel au-dessus de nous !

Tu vois comme il est vide ? Il n'est pas aussi bleu que tes yeux, mais c'est le même vide que dans ton regard lorsque…

JASPER
Arrête, s'il te plaît !

REINETTE
Les maisons du ciel ! Pffffou… Soufflées, foutues, brûlées

Tu l'as trouvé ?

JASPER
Oui, dès le lendemain du jour où nous nous sommes fait cette promesse, tu vois ! Comme quoi tu te trompes complètement sur moi ! Fusil d'assaut.

REINETTE
Plus petit calibre, ça l'aurait fait aussi. Ça aurait fait moins de bouillie dans mon crâne

JASPER
Je dis ça pour la poésie : Fusil d'assaut, je trouve que ça sonne bien, on en a plein la bouche. Mieux que : revolver, qui est un peu pauvre.

REINETTE
Il est chargé ?

JASPER
Oui. Deux balles

Tu crois que tu reviendras 3 jours plus tard ?

REINETTE
Pourquoi tu demandes ça ? Si par hasard une absurdité pareille se produisait, on aurait plus qu'à reprendre le jeu au même endroit. Il faudrait que tu recommences, et tu serais de nouveau ennuyé d'avoir à trouver un grand courage pour faire plaisir à Reinette qui t'aime tant !

Il suffit d'appuyer sur la gâchette ?

JASPER
Oui.

JASPER
Reinette ?

REINETTE
Quoi ?

JASPER
Rien.

Il faudra que je me batte contre les goélands

REINETTE
Pourquoi ?

JASPER
Ils viendront te bouffer, les charognards !
Tu ne seras pas allongée morte sur la dune depuis une nuit, qu'ils commenceront à te tourner autour en gueulant et en se battant entre eux. Ils voudront tous avoir les meilleurs morceaux.

Tu ne trouves pas ça ennuyeux ?

REINETTE
Bof. Je ne pense pas à ça.

JASPER
Tu as tort, ça fait partie de l'histoire que tu me demandes de jouer avec toi. Tu t'arrêtes à l'endroit qui t'arrange, mais tu ne penses pas à moi.

REINETTE
Si

Silence.

JASPER
Si, quoi ?

REINETTE
Pauvre Jasper ! Je me mets à ta place, je t'imagine :

« Personne ne me recherche ? Depuis

trois jours personne n'a donc remarqué la disparition de Reinette ? Ah ! Je n'en peux plus de me cacher dans ce blockhaus ! Je vais me dénoncer, sinon il ne se passera jamais rien, et je suis fatigué de me battre contre les goélands. Fatigué de la déplacer, d'ici à là, et de là à ici. De la tirer par les pieds, les bras ; et elle ne fais aucun effort pour m'aider. Qu'on me laisse seulement jusqu'à demain, j'ai besoin que tout soit bien clair dans ma tête. Demain, nous serons samedi. Jour de marché. J'ai réfléchi, j'irai sur la place, je déposerai mon sac et j'en tirerai les morceaux un à un. Je lancerai à la volée :

Regardez ! Regardez ! J'ai tué Reinette et pour preuve, pour preuve, voici des morceaux d'elle. Voici son cœur ! Voici sa langue, elle ne parlera plus jamais la vôtre ! Voici… Voici…

Ah ! Reinette, tu ne crois pas que je suis capable de faire ça ! Je sais que tu ne me crois pas. Eh bien, reste dans ton sac de peau à pourrir ! Désormais, je parlerai aux oiseaux. »

JASPER
Tourment dans mon crâne
en volées de mots !

Ailes brisées

Elle : tête fracassée
Feu !

Et Reinette me regardait comme si elle ne croyait pas
Croyait pas que j'aurais le cran
Le cran de tirer : Feu ! Feu !

Elle a dit :
     « Embrasse-moi sur le front, et finissons-en une fois pour toutes »
Elle m'a tendu son front à baiser, puis on a pris chacun la place que l'on avait définie. Elle, sur le tertre du blockhaus. Moi, 20 pas

en arrière.

Feu ! Feu !

Le premier : Feu !, c'est elle qui l'a lancé. Du moins pour le F, elle a eu le temps. Après il y a eu le bruit de la détonation, je n'ai pas entendu la fin du mot. Et j'ai aussi lancé : Feu !

Ça galope dans mon cerveau
au ras de l'eau
Je n'arrive pas à entendre clairement
Ciel trop sombre
Ou bien
Mots ?
Ou bien
Pensées ?

REINETTE
Pour moi, qui serai morte,
Mots se mêleront aux vagues

JASPER
Accord entre mots et vagues
Nausée
Vacarme, là : dans ma tête, dans ma poitrine.
Vacarme

Imagine Reinette, imagine les flics, les juges, imagine-moi devant eux :
      — L'arme ?
      — Pistolet
      — Trouvé où ?
      — Sur le chemin
      — Quel chemin ?
      — Poulreinette
      — Tu voudrais qu'on te croie, jeune homme ?
      — Non, ça m'est indifférent

REINETTE
Bon tireur :
Fracassée, la petite caille !
Trouée par le chasseur

JASPER

— Mon âge ?
— 17 ans dans 8 jours
— Reinette ?
— 16 et demi. Vous me croyez ?
— Très jeunes ? Oh, j'sais pas. Si vous le dites

REINETTE
Oh, vous vous trompez, Messieurs les gendarmes, 17 ans : un âge magnifique pour mourir

Les vivants fantômes avec leurs mortes-vies !
Nous, on ne voulait pas de ça.
Surtout pas Reinette,
Elle ne voulait pas de ça !

JASPER
Non, Reinette voulait son compte entier pour elle seule ! Deux balles

Une bague d'or pur à chaque doigt
Et autant pour les doigts des pieds : il n'y a pas de membres inférieurs :

« Tout le monde traité de la même manière. »

Elle me jetait un regard pour voir si je l'écoutais vraiment, et elle ajoutait dans la foulée :

« Le résultat du traitement : une torgnole pour tous. Et contrairement à ce que l'on pourrait penser, le dernier n'est pas le plus mal servi, parce que la rage augmente au fur et à mesure que les coups tombent. La rage l'emporte sur la fatigue. Elle s'alimente d'elle-même, sans s'épuiser, jamais. Aussi, il vaut mieux être courageux et se présenter en tête pour l'abattage. »

Ça la faisait marrer !

Alors deux balles

d'or pur
Pacotille à six sous trois cents
Vives-eaux d'automne
or et pourpre
Voilà le grand délire
Cerveau mal amarré :
Et hop !

Reinette
Grande marée meurtrière

Jasper
La cible pointée

Reinette
Feu !

Jasper
Deux fois : Feu !

Reinette
Voyage intergalactique
Silence sidéral

JASPER
Pas le Silence
(là — dans mon crâne —)

Mais des silences tout de même, des blancs dans la pensée, entre deux passages d'oiseaux-mots par milliers
Tracés à la plume
Trainées de sang :
    Jasper m'a tuée

REINETTE
Jasper m'a tuée

JASPER
Mots transhument nombreux,
Du lobe droit au lobe gauche,
Et inversement.
De stupeur mon crâne sue
Goutte à goutte
Disharmonie dans le dégel de l'aurore
L'instant de la coulée de sang :
Une balle : touchée, en plein cœur
Touchée peut-être la tête ?

Car deux fois : Feu !

REINETTE ET JASPER
Feu ! Feu !

JASPER
Empreintes de pas sur le sable
mes tennis de toile, beiges
achetés en ville

Étoiles d'or riant dans les yeux de Reinette :
    « T'aurais dû choisir une couleur plus gaie »

REINETTE
Rose par exemple

JASPER
Mes tennis de toile, roses
Achetés en ville

REINETTE
Je ne bougerai pas d'ici

JASPER
Surplus de l'armée
Lorient
Reinette ne bougera pas, elle restera ici

REINETTE
Elle ne bougera pas

JASPER
Lorient
Troie de fer
Bombardements
Étoles rouillées

Triste croix,
Camarade paquebot

REINETTE
D'enfer,
Foutue défonce !
Douleur
pour le monde

JASPER
Le monde
        Le foutre

Foutrement
le monde entier
entier
finalement
m'est indifférent

REINETTE
Les gens
Également

JASPER
Les gens autour de nous
— S'en foutant de nous —
Nous sont indifférents

REINETTE
Plus indifférents encore
que le monde entier

JASPER
Le monde en tiers :
Les super riches

REINETTE
Les riches pas super

JASPER
Les pauvres

REINETTE
Super nombreux

JASPER
Parce que
nous voyons

REINETTE
Les gens – nous entourant –
Nous voyons

JASPER
Voyant, Jasper dit :
      Voyant rouge clignote

REINETTE
Attention danger :
  Ça pourrait bien sauter

JASPER
Tatatatata…. Tatatatata….

J'asperge de délires vos silences

REINETTE
Il parle aux oiseaux

JASPER
Jasper à la paix

Tsliiiiiik ! Tslaaaaaak !

REINETTE
Lasso
ma mère

Tsliiiiiik ! Tslaaaaaak !

JASPER
Lasso
mon père

Tatatatata….

REINETTE
Bouche cousue

JASPER
Ultime rasage
Et mains jointes sur la poitrine

REINETTE
Pour faire propre

JASPER
Retour à la mer carnassière !

REINETTE
Le Vendredi saint

JASPER
C'est jour de poisse

REINETTE
Honte !

JASPER
Ah bah !
>   Dans son pré, médite
>   Jeune poulain galope
>   Loin du train d'écume
>
>   Froufrous blancs
>
>   Danseuse dans sa bouteille
>
>   Je la regardais tourner,
>   Tourner, tourner.

Tu dansais bien Reinette. Plus tard, il était prévu que tu m'apprennes à danser comme toi. Ça me faisait un peu peur, je ne te l'ai pas dit à l'époque.

Bouteille à la mer
Message codé, indéchiffrable d'évidences
Ça blesse là où on ne veut pas entendre

Ça blesse là où on ne veut pas voir
Ça blesse !

REINETTE
Oh, Dieu ! J'ai mal, comme j'ai mal !

Jasper, çe sera pour demain ! Tu me l'as promis

JASPER
Oui. Demain.

Reinette ?

Silence

JASPER
Il y avait des trains en bois sur le rayon du marchand de jouets

Des trains en bois que je trouvais plus beaux que les pistolets, les épées, et toutes les panoplies guerrières. Il y avait aussi, dans une autre partie du magasin, dans le rayon des filles, des dînettes, des couffins, des poussettes, des poupons, des baigneurs, des brosses et des poupées. Mais nous nous étions fait une promesse, et Reinette ne voulait pas que je lui ramène un poupon, une poupée, un baigneur, une dînette, un couffin, une poussette. Non, ce qu'il nous fallait, pour la vie que l'on avait choisi, c'était un fusil. Un fusil, un fusil, un fusil.

Reinette
Feu ! Feu !

Jasper
Aveuglée, la poupée !

Reinette
Jasper rentre dans le magasin cagoulé. Le magasin de jouets devant lequel on rêvait quand on était petit.
Jasper va droit au rayon des armes.
Il a repéré les lieux. Il a prévu chacun des gestes qu'il aura à faire pour être le plus efficace possible. Rayon armes, il choisit la

plus grosse, la plus puissante, la plus meurtrière. Il se débarrasse du carton, plastique, et tout l'emballage.
Il l'a déshabillée et armée comme s'il avait fait ça toute sa vie : la belle carabine que voilà !

JASPER
Made in Russia.

REINETTE
En un instant, arme au poing, il se précipite dans la cour d'une école de filles. Là, toutes les petites poupées éberluées le regardent de leurs immenses yeux cirés noirs, bruns, bleus. Elles sont effrayées, les mignonnes, en constatant l'air redoutable de Jasper et, surtout, la kalachnikov pointée sur elles. C'est une scène qu'elles ont déjà vue à la télé, mais là, c'est pour de bon, dans leur pays, dans leur ville, dans leur rue, dans leur école, dans leur salle de classe, alors elles ont vraiment vraiment peur. Un tueur fou ! Aussi jeunes qu'elles soient, elles savent

qu'une chose pareille peut survenir à tout moment dans la vie, même si leurs parents leur ont enseigné que les malades choisissent toujours « l'école d'à côté » ! Celle d'un autre quartier, plus pauvre ou au contraire plus riche, ou bien une école avec des enfants étrangers, juifs ou arabes ou nègres, mais dans tous les cas pas l'école où elles vont, elles ! Leurs parents les ont trompées, les fillettes sont catastrophées de découvrir qu'une telle tromperie est possible ! Les parents peuvent donc mentir ?!

JASPER
Je ne prends pas le temps de rire, pourtant ce n'est pas l'envie qui m'en manque ; un rire intérieur franchement mauvais dont je ressens pour la première fois de ma vie les spasmes qui me secouent les tripes de la tête aux pieds. Un truc dément. Une voix intérieure me dit :

« Te voilà grand maintenant »

Je ne prends pas le temps d'écouter la voix, j'aurai tout le temps plus tard. Pour l'instant il faut faire sauter de leurs orbites tous ces yeux qui me regardent, effrayés par ma folie : oui, les faire sauter de leurs orbites ! Qu'ils roulent sur le sol comme échappés d'un sac de billes crevé ! Vite ! Vite !

Reinette
C'est terrible, mais Jasper ne supporte plus ces regards braqués sur lui ! Les yeux cirés noirs, bruns, bleus le menacent. Il se sent sous le coup de tous ces regards : il a l'impression d'être observé, soupesé, jugé, malmené, ridiculisé, passé au hachoir, au mesureur, à l'estimateur, au détecteur, au compresseur, au pressoir, réduit en bouillie !
Les poupées se mettent à sourire d'un sourire sournois. Jasper voit leurs dents, ce sont des crocs de chiens affamés ; elles vont le mettre en pièces, le déchirer. L'une, une petite blonde qui n'avait pourtant pas l'air méchant, devient monstrueuse ; elle grimace, fait des gestes obscènes dans sa

direction, et excite ses copines. Une autre, avec une robe verte, particulièrement vulgaire, fait mine de vouloir embrasser Jasper sur la bouche tandis qu'une petite avec des tresses porte sa main de fillette curieuse vers le sexe de Jasper. Il a juste le temps de reculer et de faire s'écrouler le rayon des poussettes et berceaux.

Dans un chahut du diable, toute la ferraille lui tombe dessus, il manque être étranglé par une roue qui ne veut plus arrêter de tourner, tourner, tourner autour de son cou.

Jasper
Je suis pris comme un bagnard, enchaîné aux roues !

Reinette
Un exécuteur, les manches retroussées jusqu'au-dessus des coudes, a pris des tenailles d'acier faites exprès, d'environ un pied et demi de long, l'a tenaillé d'abord au gras de la jambe droite, puis à la cuisse, de là aux deux parties du gras du bras droit ;

ensuite aux mamelles. Pour arracher les pièces de chairs, cet exécuteur quoique fort et robuste a eu beaucoup de mal. Il les prenait dans ses tenailles deux ou trois fois du même côté en tordant, et ce qu'il en emportait formait à chaque partie une plaie de la grandeur d'un écu de six livres. Après ces tenaillements, Jasper qui criait beaucoup, levait la tête et se regardait. Le même exécuteur a pris avec une cuillère de fer dans une marmite de drogue toute bouillante qu'il a jetée en profusion sur chaque plaie.

JASPER
C'est l'enfer ! L'enfer ! L'enfer ! Jasper rit et pleure à la fois. Jasper ne fait plus la différence entre fantasme et réel ! Tout s'emmêle dans mon esprit. Je crie. Je pleure. Qui crie ? Qui pleure ? Je ne sais plus ! Un gosse perdu ? Un héros moderne ? Un zombi sorti tout droit d'un mauvais jeu de rôle ? Qui crie ? Qui pleure ?
Jasper ! Jasper !
Personne ! Une enveloppe vide !

Tous les rôles ont déjà été distribués. Toutes les pièces ont déjà été jouées !
Toutes les révolutions ont déjà été tentées ! Tentées et perdues !
Jasper ! Jasper !
Corps maigre d'adolescent fragile, j'ai mal aux os. Je ne rêve pas de devenir footballeur, tennisman, mannequin, acteur.
Je ne m'attends pas à prendre qui que ce soit dans mes bras, je ne l'attends pas, je ne l'espère pas, je n'y crois pas !
Seulement survivre, au jour le jour. Je n'attraperai pas la lune, je ne tuerai pas Laurent de Médicis, je ne débarrasserai le monde d'aucun tyran. Je ne manifesterai pas avec mes semblables ; je me sens si peu semblable à eux, si peu… Je ne revendiquerai rien d'une seule voix avec mes camarades. Jasper n'a pas de camarades !

Feu ! Feu !

REINETTE
Te voilà devenu grand maintenant

JASPER
Oh, ça suffit ! Fiche-moi la paix Reinette !

REINETTE
C'est bon, ne t'énerve pas, on n'a plus le temps de se disputer. Je vais plutôt t'apprendre à danser.

JASPER
Non, je ne veux pas apprendre à danser,
pas maintenant.
Il faut que je fasse le point en moi, que je prépare ce que je dirai aux juges, aux gendarmes, aux psychiatres.
Il faut que j'apprenne par cœur mon discours. Sinon je crains de m'embrouiller dans mes propos.
Crois-tu que ce soit simple d'expliquer que tu as tué quelqu'un pour la raison que vous vous en étiez fait la promesse un après-midi de ciel vide devant un blockhaus réchappé d'un décor d'une guerre qui ne vous concerne pas, mais qui est votre terrain de jeu depuis toujours ?

Crois-tu qu'il soit simple d'expliquer que vous aviez ensemble fixé la date depuis plusieurs semaines déjà, que vous aviez tout préparé ? Jusqu'au détail du nombre de pas ! Le pistolet chargé de deux balles ! Reinette debout sur le tertre, dans le vent du large. Ses cheveux mouillés du dernier bain qu'elle a voulu prendre pour se souvenir dans l'éternité de la morsure du sel sur la peau. Une ultime fois, je regarde mon amie d'enfance tandis que je recule de vingt pas ! Elle est devenue grande, une femme. Reinette en pleine froide lumière, son corps se détache. Ses bras minces sont nus. Reinette dans une chemise blanche, ses jambes nues, comme ses bras, ses jambes giflées par le vent d'hiver. Les oiseaux marins planant haut nous survolent. Ils attendent que Jasper ait tiré, que Reinette se soit écroulée. Son corps laissé à l'abandon, livré en pâture à leur appétit. Jasper le leur offrant ; le prêtre se retire après avoir officié. Il n'est plus concerné ; Jasper seul. Je ! Je ! Je !

Et d'expliquer à tous ces gens qui voudraient des explications que vous ne pouvez pas leur en donner : crois-tu que ce soit simple également ?
Je n'ai pas envie d'aller chez les fous, moi ! Il faut que je réfléchisse. Alors, non, je n'ai pas le temps d'apprendre à danser.

Des gouttes aveuglantes d'ombre brûlantes

    Mon cerveau transpire

Pourtant Jasper n'a pas peur

        Pires

        Pires sont les morts
        Pires que vivants
        Plus puants

Au fond, je crois que je ne tenais pas tant que cela à Reinette, et je ne la trouvais pas vraiment aussi jolie que je faisais semblant de lui dire. Mais elle était toujours là, sans que jamais nous ne nous posions la question de savoir comment c'était possible que nos pas nous portent inévitablement l'un vers l'autre. Pourtant, il m'arrivait souvent de me dire que j'avais plutôt envie qu'il en soit autrement, j'aurais voulu pouvoir lui tourner le dos parfois.

D'ailleurs, ce n'est pas parce qu'elle était là, juste à côté, que je n'étais pas seul. Au contraire, sa présence qui encombrait le silence dans lequel j'aurais aimé me tenir me faisait être plus seul encore que si j'avais été seul.

Sans son corps, là, qui respire, bouge, s'agite, se lève ; elle s'assoit, se lève, se rassoit, se relève. À changer de place toujours. Et aucune ne lui convient. Comme s'il y avait une place qui devait être meilleure qu'une autre, mais qu'elle n'arrivait pas à la trouver. C'était pénible, ce mouvement perpétuel. Fatigant. Mais c'était plus fort qu'elle. Après ses grands abattements qui la prenaient à l'improviste, il arrivait toujours qu'elle bondisse à nouveau, comme si le diable lui mangeait le ventre. Elle criait :

REINETTE
Jasper, j'ai mal ! J'ai mal ! Jasper !

JASPER
C'était assez terrible, j'avais envie de l'étrangler. Elle était une sorte de monstre pour moi.

REINETTE
Toi, pareil Jasper, pour moi : un monstre.

JASPER
Oui, deux monstres.
Tous les deux, depuis longtemps nous parlions souvent de cela ensemble : devenir des monstres
Faire des choses monstrueuses…
Qu'est-ce qu'une attitude monstrueuse ?
Quel genre d'actions entrent dans cette définition ?
S'en suivraient quelles conséquences d'en accomplir une ?

Le pas à franchir pour basculer dans l'innommable.
C'était des questions que l'on se posait ; ça nous tentait les choses monstrueuses. Mais pas de faire ça en bande

REINETTE
Non, les bandes, c'est trop facile !

JASPER
D'être à deux, c'est déjà une petite bande. C'est pour cela, même deux : c'était déjà trop.

Une guerre pour soi-même.
Une guerre contre le monde entier.

Soi-même contre le monde entier.

REINETTE
Pour se perdre ?
Pour mourir ?

Non, par jeu.

Un jeu, oui, c'est ça : un jeu
Avec des règles fixées par nous, à notre fantaisie.

JASPER
Une fantaisie sérieuse dans la folie morbide du monde,
Un trouble dans la mécanique globale.

REINETTE
Mourir de l'imbécilité que les choses soient ce qu'elles sont
Aussi bêtes, aussi dégueulasses.

JASPER
Mourir d'être là

Là
Au moment et au lieu où nous nous trouvons

Jasper en face de la mer,

Ou bien celui-là que je ne connais pas,

sur le parking d'une tour dans sa cité

Ou, encore,
cet autre garçon,
Fils du président de la République
dans sa chambre au Palais de l'Élysée

Mourir avec la conscience du hasard de notre situation, du hasard de cette date non choisie par nous pour naître. En sachant que ces détails ne sont rien dans la géographie du monde ; un instant infime.
Rien de plus que le fruit du hasard.

Souvent, avec Reinette, nous nous disions que nous n'étions que des fruits du hasard. Elle me disait que, pour elle, ça enlevait toute valeur à tout ; ce qu'il lui fallait c'était :

REINETTE
Autre chose ! Autre chose !

JASPER
Je voyais qu'elle ne savait pas en quoi

pouvait consister cette « autre chose », elle n'arrivait pas à l'imaginer. C'était justement son problème, car n'imaginant rien, elle redoutait que ce fût qu'aucun autre possible n'existât. Elle était devant un mur ; elle aurait voulu qu'on le fasse sauter ensemble. Elle avait des recettes d'explosifs plein la tête. Pour casser elle était vraiment inventive. Mais elle était toujours plus malheureuse en réalisant que casser, exploser, détruire, torpiller, saccager, réduire à néant ne lui faisait pas apercevoir l' « Autre chose » à laquelle elle aspirait.

REINETTE
Jasper ! Jasper !

JASPER
Comme si Jasper avait des solutions

Moi, cela ne me gêne pas d'être le fruit du hasard ; je préfère ce mystère à des idées tordues comme d'être un enfant de Dieu, ou pire encore, être un fruit de l'amour ! Cette

théorie, du fruit de l'amour, dans mon esprit est insupportable.
Parfaitement odieuse.
Je ne l'ai jamais dit à Reinette, parce qu'elle n'aurait pas compris. Maintenant qu'elle n'est plus là, maintenant que les oiseaux ont fini leur repas, je peux lui dire. D'autant que la marée a pratiquement fini de monter.

REINETTE
Jasper ! Jasper !

JASPER
Je voulais peindre en bleu
les balles
les balles du pistolet

Deux balles

Les peindre
Du bleu de mes yeux

De mes yeux
j'ai tiré sur Reinette

Elle m'a donné son front à baiser

Reinette tend son front à baiser à Jasper

REINETTE
Allons, finissons-en une fois pour toutes s'il te plaît.
À quoi bon attendre demain ?
Demain, c'est déjà aujourd'hui,
et je commence à m'ennuyer

Jasper regarde longuement Reinette

JASPER
D'accord
Tu l'auras voulu

Feu ! Feu !

Deux éclairs trouent l'espace en même temps que retentissent les détonations. Reinette s'écroule, cette fois morte « pour toujours ».
Après s'être déshabillé, Jasper dévêt doucement Reinette de sa chemise et la met.

Ses bras sont nus, ses jambes sont nues aussi sous la chemise. Il est pieds nus.

La marée monte. L'eau monte, jusqu'aux genoux de Jasper, puis elle arrive à ses cuisses et continue à monter. À la fin, Jasper sera dans l'eau jusqu'à la bouche, le nez, le haut du front. Immergé complètement, Jasper se noie, debout. Sans soulever les pieds du sol, il danse dans la chemise de Reinette cette danse qu'elle n'avait pas encore eu le temps de lui apprendre, cette danse qui lui faisait un peu peur. Maintenant il n'a plus peur.

JASPER
Aucune blessure.
Pas encore pénétrée des rayons du soleil.

Mon regard, quand je dors,
        Braqué sur mes rêves
Rêves honteux des garçons

17 ans dans 8 jours
Rêves honteux
        Et beaux

Rêves de Jasper

Je (Jasper)

Le bruit du bruit des vaines paroles dès l'instant du réveil. Jusque dans la nuit.
Alors, je retourne dans mes hauts-fonds de vase. Et en m'allongeant sur le dos, je m'engloutis. M'offrant à ceux qu'en moi je ne connais pas durant l'éveil.
J'ai baisé son front. Elle a distribué nos rôles sans réfléchir. Mécaniquement. Elle, était fille, et, moi, garçon.
Pour elle, normal : c'est le garçon qui tue la fille.
Moi, je m'en fichais. Ma vérité est ailleurs

Ailleurs, ailleurs, ailleurs…

Jasper dans la chemise de Reinette tourne et tourne et vire et disparaît dans les chuchotements et les clapotis de l'eau

JASPER
Ma vérité était ailleurs, ailleurs, ailleurs

Ailleurs, ailleurs, ailleurs

Imprimé en Allemagne par Books on Demand Gmbh, à Norderstedt
Dépôt légal : mars 2013
ISBN : 9782322030415